G000068956

A Glimmer o Stars

Lynn Valentine

First published 2021 by The Hedgehog Poetry Press

Published in the UK by
The Hedgehog Poetry Press
5, Coppack House
Churchill Avenue
Clevedon
BS21 6QW

www.hedgehogpress.co.uk

ISBN: 978-1-913499-66-2

9 8 7 6 5 4 3 2 1

A CIP Catalogue record for this book is available from the
British Library.

Contents

Fir Mum, Dad an Granny Hutch

THE LEID O HAME (AFTER ROGER ROBINSON)

A hae cairriet this hansel withoot kennin,
this thrapple that thraws oot the rrrs.
Fir years a thocht tae smoor it doon,

as teachers wid, eyewis the correktions,
the head instead o heid, the dead instead
o deid. Ma faither gied it tae me,

ma granny tae—aa those who draggit
oan tae land at my hame toon—fish
who grew hurdies and settilt there.

A unpack the bag—it sings sangs o hame
an faimily an athin o the sea—the reek
o Smokies that still maks ma veggie moo
slabber, the lang cauld wind wheechin in

fae the Flairs, the reid o the cliffs bricht
at ony time o year. A will tak this hansel
an pass it oan, scrieve ma wurds, sing ma sangs.

THE LANGUAGE OF HOME (AFTER ROGER ROBINSON)

I have carried this gift without knowing,
this throat that throws out the rrrs.
For years I thought to damp it down,

as teachers would, the head instead of heid,
the dead instead of deid. My father
gifted it to me,

my Gran too—all those
who dragged on to land at my hometown
—fish who grew legs and settled there.

I unpack the bag—it sings songs of home
and family and everything of the sea—
the smell of smoked fish that still makes
my veggie mouth water, the long cold wind
hurtling in

from the Flairs, the red of the cliffs
bright at any time of year. I will take this gift
and pass it on, write my words, sing my songs.

AT THE CLOOTIE WELL

We knottit oor wishes roon the well,
tyit them a tae the trees, white fir a bairn,
blue fir a cuir. Wir nervish gaggles
ringin at corbies croakin in the auld oaks.

Nane grantit, nane lastit, the reid
runnin, the blackness takin ower
us baith. You awa by simmerdim,
me an ma belly emptie.

Noo they're clearin the woods,
takin awa the sheets, the cloots,
even a pair o drawers.
A think the last wid mak ye laugh.

A wish a could still ca ye Mither,
see yir heid turnin roon at ma call,
some grey efternuins I dauner,
echo yir name in tae the well.

AT THE CLOOTIE WELL

We knotted our wishes round the well,
tied them all to the trees, white for a child,
blue for a cure. Our nervous giggles
ringing at crows croaking in the old oaks.

None granted, none lasted, the red
running, the blackness taking over
us both. You away by midsummer,
me and my belly empty.

Now they're clearing the woods,
taking away the sheets, the cloths,
even a pair of pants.
I think the last would make you laugh.

I wish I could still call you Mother,
see your head turn round at my call,
some grey afternoons I stroll,
echo your name into the well.

MY MA'S COMPLEENT

Yir sae far up the map noo, A nivir know whaur tae look tae find the wither at yo

Each time hir bairns muvit, my mither
tackit hir hert tae the TV wither map.

Thocht o hir bairns in autumn coats
ir shiverin in the cauld aifter the six o'clock news.

She weighted the plaises whaur she cuid find us,
tyit us a tae hir coordinates, foon hir son

in the centre o hings, haudit ma sisters'
summers in the same spot as hirs.

Ma, hink if Scotland haud a face, luik fir the een
whaur twa firths meet an gild yir luve richt there.

A'll still find ye whaun the chairt gines dark
wi only time an wither left tae gaither.

MOTHER'S COMPLAINT

're so far up the map now, I never know where to look to find the weather at yours.

h time her children moved, my mother
ed her heart to the TV weather map.

gined her offspring in autumn coats
shivering in the chill after the six o'clock news.

eighted the places where she could find us,
hered and tied us to her coordinates, located her son

the centre of things, held
y sisters' summers in the same spot as hers.

Mum, think if Scotland had a face, find the eye
here two firths meet and gild your love upon it.

'll still find you when the chart grows dark
vith only time and weather left to bind us.

11

MA FAITHER AT FOWER A.M.

Mornins, ma faither whustled
as if the wurld wis his alane,
his lang stravaig thru snaw to the yaird
mindit by the wakeful tod an the squaikin spuggies.

We dreamit o Dad,
the suddent sneeze o a snawploo
chairgin to life in is hauns.
His canny handlin o a fauchled toon

as he clearit the streets, tried no tae
rouse the sleepers, the fidgetin bairns,
fowk bundilt in their jammies,
their furst quiet coffee o the day.

Aifter, busses an cars set oot
ontae noo-safe streets, we makit
snaw-bas fae the slush pylit up,
ma Da deid tae us as he snorit on tae denner.

MY FATHER AT 4 A.M.

Mornings, my father whistled
as if the world was his alone, his long walk
through snow to the depot yard
minded by the wakeful fox and the duelling sparrows.

We dreamt of our Dad,
the sudden sneeze of a snowplough
charging to life in his hands.
His careful handling of a snoozing town,

as he cleared the roads, tried not
to disturb the sleepers, the restless
babies, workers bundled in pyjamas,
their first quiet coffee of the day.

Later, buses and cars set out
onto now-safe streets, we made snowballs
from the piles of slush at the roadside,
my Dad dead to us as he slept on through lunchtime.

SHEELA NA GIG, RODEL

Sich a lang wey to come,
a find ye withered by Harris wins
worn in the smirr o weet—
hollowed unhaily mither.

A sik yir protection, projection
o fertility, ane stoppit haun
haudin a lambie or a bairn
the ither hidden in a shape
that meant somethin aince.

Ma emptie bellie sogs
in the weet efternuin
ma jaiket the only second
skin a'll ane.

Bit there's hope in yir airms,
the clift in yir legs, an opin
                    O
oan the rough cast o stanes.

SHEELA NA GIG, RODEL

Such a long road to drive.
I find you weathered by Harris winds,
worn in the smirr of rain—
hollowed, unholy mother.

I seek your protection, projection
of fertility, one stopped hand
holding a child or a lamb;
the other lost in a shape
that meant something once

My barren belly
concaves in the wet
afternoon, my waterproof
the only second skin I'll own.

Yet there's hope in your arms,
the cleft in your legs, an open
                    O
on the rough bricks of stone.

MISSIN

Yir fingers
towsle up the quilt
yir tears perle the bed.
Imaigine if he wisnae a kist
ben the room, wisnae
a photie oan the shelf.
He's moved east wi ye,
he's doon at the strand
but haar taks ower the view.

Ye waarm the stove
spuin coffee fae the can
ye boucht in Prague.

Thon hail street fu o
yir favourite hings.
Coonters o wool, shelves o tins,
yon café whaur ye drank tea
steepit green wi peppermint leaves.
Hope wis measured oot in sma hings.
Noo ye tak coffee alane,
forgae the sweetness o sugar,
the thickness o cream.
An ye weave, shuttle
an loom, knot traps
fir ithers dreams.

LACUNA

Your fingers
unravel the quilt,
your tears pearl the bed.
Just imagine if he wasn't a box
in the spare room,
wasn't a photo in the hall.
He's moved east with you,
he's down at the beach
but haar obscures the view.

You heat the hob,
spooning coffee from the can
you bought in Prague.

That whole street filled
with your favourite things.
Bundles of wool, shelves of tins,
the café where you drank tea
steeped green with peppermint leaves.
Hope was measured in small things.
Now you drink coffee alone,
forgo the sweetness of sugar,
the thickness of cream.
And you weave, shuttle
and loom, knot traps
for other people's dreams.

THE LOSS O THE WESTHAVEN

The watter taen yous on an bonnie day,
north sea canny as a favourite dug,
naething tae fear fae hir bark ir bite.
Hir treisure laid bare for the takin.

Did yous hae a blether afore ye slippit awa,
a gaggle afore the sea claimed yous?
A remember ye as thon laddie in class,
the ane that could eyewis mak us laugh.

Noo yir name's scrievet on the herbour stane,
I mark yir passin' ivery time I'm hame,
look oot to the sea still haudin oan
tae yir bodie in hir teith.

THE LOSS OF THE WESTHAVEN

The water took you all on a lovely day,
north sea gentle as a favourite dog,
nothing to fear from her bark or bite.
Her treasure laid bare for the taking.

Did you all have a chat before you slipped away,
a laugh before the sea claimed you?
I remember you as that boy in class,
the one that could always make us laugh.

Now your name's written on the harbour stone,
I mark your passing every time I'm home,
look out to the sea still holding on
to your body in her teeth.

(Four Arbroath fishermen were lost at sea when their boat, The Westhaven, snagged on an oil
pipeline in 1997. I was at primary school with one of the fishermen, Mark Hannah. His body has
never been recovered)

HOWKERS

By the age o fower a wis happit up
in blankets, cooried in a cradill o shaws,
waatching ma mither, sisters an brither
howkin tatties fir a they wir warth.

A shared ma peece wi a moose, took
peety on hir rinnin the length o the field.
She hunkered doon wi mi, nibbilt
on a crumb or twa afore she took her lave.

Nane but me wearied fir her,
the rest intent oan thir wirk,
hauns scoopin, airms pullin,
backs bendit to the quickenin o airth.

PICKERS

By the age of four I was wrapped up
in blankets, cuddled down in a basket of shaws,
watching my mother, sisters and brother
picking potatoes for all they were worth.

I shared my snack with a mouse, took
pity on her, running the length of the field.
She sat down with me, nibbled
on a crumb or two before she took her leave.

None but me wearied for her,
the rest intent on their work,
hands scooping, arms pulling,
backs bent to the quickening of earth.

ROSES

Oors spent ootside thon yella door
pickin petals fae roses, a mass o blooms

hingin ower ir wee forms. We pressit
flooers intae jeely jars, tappit up wi watter,

let the liquid steep then offirt oor perfume
up tae mithers an freens—that sweet seecknin scent.

A hink o ye whin a stoap tae smell the roses,
lookit fir yir spreckled face amon the thorns.

ROSES

Hours spent outside the yellow door,
gathering petals from roses, a mass of blooms

towering over our small forms. We pressed
flowers into jam jars, topped up with water,

let the liquid stew then offered our perfume
up to mothers and friends—that sweet sickening scent.

I think of you when I stop to smell the roses,
search for your freckled face among the thorns.

BEYONT HIRTA

Sailin there, hir first sea sea-seeckness,
sma gods o salt haudin hands wi the boat.

Landit, she kent the island through
her mither's wantin, her mither's buiks.

Mornin, she wis amang the wummin
carryin, milkin, mendin, giein birth.

By efternuin a guga hunter—
a speeder climbin stacks.

Evenin wis anither seeckness,
St Kilda duntin hir dreams.

BEYOND HIRTA

Sailing there, her first seasickness, small
gods of salt laying their claims on the boat.

Landed, she knew the island through
her mother's longing, her mother's books.

Morning, she was amongst the women,
carrying, milking, mending, giving birth.

By afternoon a guga hunter,
a spider climbing stacks.

Evening was a different sickness,
St Kilda denting her dreams.

A LOAST FREEN

The sma snaw o the lambs is later than iver this year,
the Mey's near oot, daffies are droonin in rattlestanes.
The spuggies hae bairns—cauld bairns.
A've taen tae pokin the dugs' moltins intae trees
tae waarm the nests, am waatchin oot fir foggie bummers tae.

An a wunner whaur ye are noo—ir ye facin the blast
o winter still—sleekit winds startin low then takin ower
the hail lenth o sky. Ir is it sweet whaur yi are,
a strawberry sun lichtin the pathie? Is thir still time
to mak oor peace, tak a jig thegither, haud ane anither
in sma snaw?

A LOST FRIEND

The small snow of the lambs is later than ever this year,
the Hawthorn's nearly out, daffodils are drowning in hailstones.
The sparrows have children—cold children.
I've taken to pushing the dogs' loose hair into trees
to warm the nests, I'm watching out for bumblebees too.

And I wonder where you are now – are you facing the blast
of winter still—sly winds starting low then taking over
the whole length of sky. Or is it sweet where you are?
A strawberry sun lighting up the path? Is there still time
to make our peace, take a dance together, hold one another
in small snow?

THE BLUE MEN ASK ME FIR POETRY

as a row acroass the Minch.
Gie us an answer, sing us a verse.

Insteid, a show them strang airms,
great skelp o muscle in ma legs,

knawledge o chairts an horizons
thit takit oo'er the Kraken in ma heid.

Ma mooth opin tae ocean an licht
a escape their droonin—fir naebody
cuid sink in the same sea twice.

THE BLUE MEN ASK ME FOR POETRY

as I row across the Minch.
Grant us an answer, give us a verse.

Instead, I show them strong arms,
steel-like sinew in my legs,

knowledge of charts and horizons
that replaced the Kraken in my head.

My mouth open to ocean and light,
I escape their drowning—for no-one
can sink in the same sea twice.

(The Blue Men are mythical creatures who inhabit the sea between the Outer Hebrides and
mainland Scotland. They capsize ships but crew can be saved if they finish the Blue Men's verse of
poetry)

SNAW-BLIND

She can sense the emptieing o the sky
tho hir sichts near awa, hir een
a glimmer o stars. This cauld snap
came oan quick and noo abidy flees.
She cannae hear the hoosemertins
nae mair, thir wee whitters alaft
the fields. She listens tae the geese
gaein North, their sang o *fir snaw, fir snaw.*
By winter, if she's spared, she'll be
stane-blind, naither use nir ornament
tae onyone. She'll choosit a course,
gine stravaigin fir snaw ir sun.

SNOW-BLIND

She can sense the emptying of the sky
though her sights nearly gone, her eyes
a glimmer of stars. This cold snap
came on quick and now everyone flies.
She can't hear the housemartins
any more, their small cheeps above
the fields. She listens to the geese
going North, their song of for snow for snow.
By winter, if she's spared, she'll be
stone-blind, neither use nor ornament
to anyone, She'll choose a course,
go travelling for snow or sun.

OPENIN

The wid prepairs fir winter
as the trees gie up thir leaves.
A spring we've been in oor hidie-hole
lockit doon in oor bit o green.

Wir cheenged, markit be this year—
a sheuch o losses plood intae the sile—
the wurld tremmles, corbies waatch,
oor hauns raw fae prayers.

OPENING

The wood prepares for winter
as the trees give up their leaves.
All spring we've hidden from the city,
locked down in our patch of green.

We are changed, marked by this year—
a furrow of losses ploughed into the soil—
the earth trembles, crows watch,
our hands raw from prayers.

NORTH

The furst time ye bidit at mine
ye cuidnae sleep fir seelence.
Nae streetlichts, nae neebors
haein sex beyont the waas,
nae pish stench fae nixt door,
nae neon dressit in drag as moon.
I sang ye lullabies tae hide
yir fear o quiet, held ye
in width o sky whaur stars
dazzilt derkened fields.

NORTH

The first time you stayed at mine
you couldn't sleep for silence.
No streetlights, no neighbours
having sex beyond the walls,
no piss stench in the hall,
no neon dressed in drag as moon.
I sang you lullabies to hide
your fear of quiet, held you
in width of sky where stars
dazzled darkened fields.

A SUNFLOOERS TURN

A packit the best heat o the day,
cram primrose sunshine intae ma bag,

crack ice fae the last patch on the ben,
tuckit cloods aneath each airm.

A emptie the wither ontae yir bed.

Ye sleepit in the waarm, feelin
the snaw melt intae yir pow.

Aince nicht draws in a peel
the hoaspital rif aff, as easy

as a key rippin the lid
fae a can o sardines.

A opin yir een tae the bricht reid sky,
turnit yir heid westwards, stey fir aye.

ALL SUNFLOWERS TURN

I will pack the best temperatures,
tip primrose sunshine into my bag,

fetch ice from the last patch on the hill,
roll white clouds under each arm.

I will empty the weather on to your bed.

You will lie in the warmth, feeling
snow melt on your brow.

When evening arrives I will peel
the hospital roof off, as easy

as a key ripping the lid
from a can of sardines.

I will open your eyes to the reddening sky,
turn your head westwards, stay for always.